하늘소리

김 도 명 시집

지은이 김도명
펴낸이 박경훈
펴낸곳 도서출판 각

초판 인쇄 2013년 5월 20일
초판 발행 2013년 5월 25일

도서출판 각
주소 (690-809) 제주특별자치도 제주시 삼도2동 108-16 2층
전화 064 · 725 · 4410
팩스 064 · 759 · 4410
등록번호 제80호
등록일 1999년 2월 3일

ISBN 978-89-6208-091-9  03810

값  8,000원

※ 잘못된 책은 바꾸어 드립니다.

## 시인의 말

꽃 피어 벌 나비 날고
새들도 마냥 좋아라, 재잘대는
이 봄날!

겨우내 움츠렸다 여기, 엮여
문밖을 나서는,

어쩜,
짧은 혀끝, 어눌한 데다 입술 또한 얇아
볼때기가 볼그댕댕하니 지레 오금 저리는
애들아, 미안타

후딱, 저무는 서녘 놀빛에 젖어 예는
허튼 시심詩心으로
시시포스의 바윗돌을 굴린

내가!

2013년 봄
遠峯 김 도 명

| 차 례 |

**1부 허공의 배후가 궁금하다**

달을 빚다 · 13
집으로 가는 길 · 14
바람개비 · 16
서당 개 삼 년이면 · 17
우는 강기슭에 생을 매고 누운 내가 아프다 · 18
부처님이 내 뒤통수를 쥐어박으려 했다 · 20
허튼소리 · 22
생의 이랑 머리를 갈다 · 24
구름으로 집 한 채 지어 살리라 · 25
달력 · 28
딱! 두 번만 죽어보고 싶은 · 30
날개를 달고 싶다 · 32
목욕탕에서 몸을 잃다 · 34
불면 · 35
개 코에 달 냄새가 난다 · 36
허공의 배후가 궁금하다 · 37
생의 경전 · 38
섬이 걸어가고 있다 · 39
허공의 뒤란 · 40
바릇잡이 · 42

## 2부 검은 손

적조 · 45
각하 · 46
감투 · 48
리모델링 · 49
우린 뭣고 · 50
거짓부렁이 새들 · 51
똥 · 52
사람의 거리 · 54
파타에 우는 농심 · 56
지상의 비극 · 58
달에서 곡소리 난다 · 60
파도 · 61
수평선 · 62
바람의 세상 · 63
묘지 · 64
얼굴 없는 소 · 65
보이지 않는 손의 눈금 · 66
검은 손 · 67

**3부 황금 불가마**

공범 • 71
구두 • 72
문안 • 73
건망증 • 74
할망 • 75
금값 • 76
거시기 • 77
황금 불가마 • 78
노래방 도우미 • 79
낮달 • 80
금연 • 82
갈치대가리 • 83
동지 팥죽 • 84
돼지머리 • 85
부지깽이 • 86
밥 • 87
뒷방거사 • 88
부처 같은 여자 • 89
하루살이 • 90

**4부 유년의 허공에 매달리고 싶다**

문상 · 93
유년의 허공에 매달리고 싶다 · 94
골막 식당 · 95
갈대밭 풍경 · 96
장맛 · 98
눈은 내리고 · 99
삼각팬티 · 100
오죽 · 101
유품 · 102
어떻게 알았을까 · 104
임종 · 105
하늘 텃밭 · 106
빈손 · 107
초승달 1 · 108
초승달 2 · 109
장날 · 110
이명 · 111
황혼의 고독 · 112
얼음꽃 · 113

피안을 건너는 법 - 김승립(시인) · 115

# 1부
# 허공의 배후가 궁금하다

### 달을 빚다

그러니까
우리네 일상의 몸짓이거나 맘짓은
물레 돌리는 도공陶工의 손놀림에 다름 아닐 터

바람 드센 이승 공방工房 아궁이에 잠시 지핀
숨결 불사르며
허공의 뒤란에다 영원불멸의 달항아리 하나 빚는
도공!

청아한 청자 빛이거나
물기 마른 잿빛이거나
나름 나름의 삶짓 무늬로 저마다의
달을 빚는,

시방, 막벌 구이로 내가 빚는 저
달!
어쩜, 잿빛일 터

잿빛 달밤을 거닐다
가시!
밟은 적 있다

## 집으로 가는 길

몽달귀신 울고 가는 이 밤과 저 밤 사이
홀아비 과부집 숨어들 듯
딱히 별 볼일이 있어서는 아니었네
애시당초 길을 나선 것은,

그해 겨울
새벽닭 악다구니로 동이 트는
어느 날
삼신할미 손찌검에 화들짝 놀라
울며불며 집을 뛰쳐 나선 초행길 너무 낯설어
그만 길을 잃고 말았네

나, 집으로 돌아가는 길을!

사방 돌아 그 어디에 집이 있는 줄도,
집엘 돌아갈 그날!
차마, 그날이 언제인 줄도 모르는,
나침판도 일정표도 없는 안개 속 여로에서
별스런 별로 본 일도 없이
얼싸 둥둥 허송세월 밑씻개로 구겨진 몸,
아, 굼뜨고 나니

이러다 집엘 못 찾아가면
여기 그냥 눌러 살아버릴까,
생각도 해보는 것인데
물과 산이 마르고 닳도록 살아 버릇하면
그것도 지겨울 것만 같아
오늘도 뒤뚱여 밟는 어스름 길 하늘 푸두둑
둥지 찾아드는 새여!

나, 그대 둥지 들어 지친 몸, 뉘어 쉬는
밤의 길손이고 싶은

### 바람개비

함박눈 펄펄 마당 가득 붐비는
그해 겨울 어느 날

아버지가 앞 강물 찍어 바르며
태엽 친친 감아 만들어 준
유년의 무지갯빛 바람개비 하나

동구 밖 언덕배기 시린 비바람에
여태 휘둘리며
감긴 강을 풀고 있다

덕장 칼바람에 걸려
출생의 벌, 받는 황태처럼
피골이 상접한 남루로
얼추 풀려 나간 생을 덜커덕~ 퉁탕~
마저 풀고 있는 저
바람개비

서녘 어둠의 나락으로
기우뚱~!
넘어질라, 위태롭다

## 서당 개 삼 년이면


개도 서당 삼 년이면
풍월 한다고
제주동부경찰서 앞마당 동녘모서리 사는
나무 한 그루

그 눈초리가 매섭다
고참 형사처럼

내가 그 앞을 지날 때면
가지 잘려나간 그루터기들이
왕방울 소 눈처럼 부릅뜨고서는
"살며 지은 죄를 네가 알렸다"며
마치 날, 죄인 보듯 하는 것인데

어떻게 알았을까
나무는,

내, 흰 족적足跡을……

## 우는 강기슭에 생을 매고 누운 내가 아프다
- 벽시계 소리

쥐마저 죽은 불면의 밤
가파른 어둠의 벼랑 끝에 덜커덩!
걸린 몸이고 나니

강은,
밑 터진 항아리다
울보다
삼베 짜는 베틀이다

삼라만상의 목숨 줄 거머쥔 저
잡식성 지존至尊도
일탈의 벼랑 끝은 차마, 어쩌지 못해
제 몸의 금쪽같은 관절마디를
속수무책으로 떨구며
마구 새고, 새는

새며, 천길만길수수만길 벼랑 아래
밑 터진 검은 바다로 추락이 서러워
온 밤을 우는

울며, 내 수의壽衣마저

달그락~달그락~ 짜는

이 밤
우는 강기슭에
생을 매고 누운 내가 아프다

## 부처님이 내 뒤통수를 쥐어박으려 했다


그 아닌 척
분 바르고 넥타이 걸친,
살며, 사냥개 코처럼 비린 생의 오지랖

문득,
오래인 세월 곰삭은 자비의 향에 헹구고파
신 새벽 달 길 내는 산 길 걸어
찾아든 산사山寺

백팔염주 한번 헤아려 본 적도 없는
빈손 들고 법당에 올라
부처님께 넙죽 저쑵는데

물끄러미 내려다보시며 절 받으시던
부처님께서
돌연 눈 부릅뜨고서는 "네 이놈!" 하며
불끈 쥔 주먹으로 내 뒤통수를 쥐어박으려다
내가 고개를 들자
그 아닌 척 배시시 웃으셨다

만약, 만약에 입장 바꿔

(아, 이 불경, 부처님 송구하옵니다)
내가 부처님 방석으로 올라앉아
날, 내려다보는 내 주먹이 에이그, 울며
내 귀싸대기를 후려갈겼을 것을!

차라리 부처님한테
귀때기 한 대라도 속 시원히 얻어맞고도 싶었으나
부처님의 저 못 말리는 자비심에 등 떠밀려
산을 내려오는 길의 산 그림자

가문 땅에 물길 번지듯 쑥쑥 번져나고 있었다
나, 살며 빚은 업業덩어리처럼……

## 허튼소리
- 원점原點

이 풍진風塵 세상 살아,
넝마처럼 구겨진 몸, 벗은
빈, 몸으로 건너는 저
허공의 뒤란!

어쩌면 명당일 터
가시가 없는,

없으매
비바람 눈보라여도
젖지도
춥지도
아프지도 않는,

마치, 파란만장의 한 생을 돌아온 고향집
그 아늑한 아랫목에 지친 몸 뉘어 쉬는
말년의 귀향처럼 되돌아 든 저
원점原點!

어쩌면 신의 은총으로 빚은
명품일 터

가시가 없는!

생이 지겨울 때면
자꾸 와락 껴안고만 싶어지는……

## 생의 이랑 머리를 갈다

고3 보리방학 때
아버지는 월사금 꾸러 성산포금융조합엘 가시고 나는 아버지 일손 돕는답시고 돌산石山 같아서 굼뜬 밭갈 소 앞세우고 동구 밖 자갈밭을 요리 비틀 조리 비틀 이랑도 꼬불꼬불하니 갈아 가는데, 아 글쎄, 보섭이 흙 속에 꼭꼭 숨은 돌들을 잘도 찾아내어 들이받는 바람에 튕겨나는 양짓머리*에 거시기 동네 두덩을 된통 얻어맞은 나, 아얏! 소리도 못하고 나자빠져 밭이랑 위를 때굴때굴 구르고, 소는 그냥 제 갈 길 가고……
그러길 여러 번, 겉보리씨 예닐곱 마지기 밭을 얼추 갈았을 무렵 아버지와 같이 월사금 꾸러 갔던 내 친구 아버지는 전전날 집에 기르던 검둥이를 개피쟁이 손 빌려 때려잡고는 하얀 모시 고쟁이 입성으로다 툇마루에 펑퍼짐하니 널브러져 낮잠 즐기시는 대출담당 조 씨 마나님의 허연 사타구니 속으로 들입다 들이민 효험으로다 돈을 꾸어 오시고,
언감생심 빈손으로 갔다가 빈손으로 돌아오시고는 내가 갈다 남은 밭이랑 머리를 걱정 걱정으로 마저 갈던 아버진 지금 안 계시고,
내가, 내 생의 이랑 머리를 갈고 있는 중이다
그 어느새

*양짓머리: 쟁기의 손잡이를 일컫는 제주 말

## 구름으로 집 한 채 지어 살리라

  살아, 추한 이승의 굴레를 벗는 날 나, 막무가내로 허공의 계단을 밟아 하늘 정수리에 오르리라
  올라, 놀빛 솜털구름에다 바람 약간, 반죽으로 폭신폭신한 구름집 한 채 지어 살리라
  살며, 낮에는 무, 배추, 고추며 가지랑 오이랑 심은 하늘 텃밭에서 김을 매고, 밤이면 달빛 드는 난간에 앉아 살다 남은 자투리 세월자락으로 빚은 세월주歲月酒나 마시면서 초롱초롱한 별들의 이마, 이마에다 시나 쓰며 살리라
  그러다가 그도 무료해지면 바람이 미는 대로 두둥실 주유천상周遊天上하면서
  보들레르, 랭보, 미당未堂도 찾아 문안드리고 시 잘 쓰는 법 한 수씩 얻어 배우기도 하고,
  새벽이슬 손에 손을 잡고 하늘에 오른 천상병 시인 집에 들러 막걸리도 얻어 마시고 그 양반 형편 닿으면 담배도 한 개비 얻어 피우기도 하면서,
  하늘 꼭대기 드넓은 마당가 종려나무 그늘에 고삐 매인 예수님의 유일한 교통수단인 당나귀 등에 뉘도 몰래 슬쩍 올라 타보기도 하고,
  하릴없이 이리저리 치대는 당나귀 꼬리 끝에 이는 바람으로 지상의 천덕꾸러기가 돼버린 비둘기 날개 끝을 짜깁기도 하고 나서,

그 동녘, 구름계곡 암자庵子에도 들러 부처님 방, 윤기 번지르하게 흐르는 장판 위를 폴짝폴짝 뛰노는 벼룩님들에게 유년의 이승서 보시하다 남은 피 한 바가지마저 퍼주고 난 뒤의 허기로 공양간 뒤란 옹달샘 물에 밥 말아 먹은 잰걸음에 들른 부처님 전용 해우소에서 엉거주춤 엉덩이 깐 결례이고 나서, 그 밑의 세계에 바다처럼 넓고 깊게 고여 오래인 세월 물씬 곰삭은 부처님의 자비향을 퍼 담아 가뭄 타는 지상의 자비전慈悲田마다 골고루 수제비 뜨듯 거름 하고서는, 부처님의 길쭉한 똥막대기로 휘젓고 나면, 지상에는 언제나 자비와 사랑으로 충만한 평화이게끔! 살아, 못해본 착한 일도 하면서

  소크라테스는 지상의 아내와 여태 같이 살고 있으신지,

  괴테는 눈에 빛을 켜고 사시는지,

  신은 죽었다고, 갈파한 니체의 행방은 어떠하신지,

  그리고 한강의 기적을 꿈꾸며 강을 앞서 건넜다 가슴에 총 맞은 이와 총을 겨눈 이는 그 어긋났던 한 순간의 옛 악몽, 내려놓고 서로 왕래나 하시는지, 알아보기도 하면서

  아, 그리고 또 지상의 피붙이들은 동구 밖의 겉보리씨 예닐곱 마지기 조상제전祖上祭田을 거덜 내지 않고 대대손손 대물림하며 올곧고 건강하게 잘 살 거다, 싶은 믿음으로 아예 걱정 붙들어 매고,

  그저 술이 좋아 죽겠는 지상의 그리운 이들 하나둘 하늘에 이

르는 족족 주당 하나 만들어 고운 심성에다 미소뿐인 선영이네 술방을 가가대소로 들고나는……
 뭐, 그렇고 그렇게, 그냥저냥 영겁을 살리라

## 달력

살아, 그 어느덧
피안의 둔치에 얼추 이르고 나니
일력 뜯고, 달력 넘기기 바쁘다

대동강 물장수 봉이 김 선달처럼
허공의 강물 퍼 담아다
빼곡하니 그은 가늠의 눈금대로
마구 새고, 새는
벽걸이용 일력이며 달력이라는 걸
괜시리 만들고서는

번갯불에 콩 볶듯 후딱 후딱
날이 가고
달이 가고
해가 가고, 그러면서
찬물에 거시기 쫄 듯
내 명줄도 자꾸만 좁아들고……

그러다
나 죽어 남을 저 자투리 강물
그냥 버리기엔 아까워라,

후딱!
밥 말아 먹을 수도 없는 요 노릇이여!
파장떨이 값으로라도 팔아
술값에나 보탰으면 싶은데……

혹시, 거기 누구 없소
실컷, 살고 나서도 목마른 이

## 딱! 두 번만 죽어보고 싶은

하늘 높은 가을 산행 길
건너는 한라계곡물에 얼비치는
웬 머리 허연 짐승 하나

자세히 보아하니
산신령은 아니시고 그 몰골,
오골계 몸빛 진배없는 산도둑놈
사뭇 닮았다

하여,
계곡물 속으로 바락
밀쳐버리고 싶은,

아니, 아니다
밀쳐 넣은 한 천년세월 담금질로
전생의 뒤축에 쉬 슬 듯 뿌옇게 슬은
잿빛무늬 우려낸 뒤의 초심初心에 고여 난
물기 촉촉 머금은 마음 한 접시 들고

예서,
그 맘, 보시하며 새로 새 판으로

다시 한번 살아보고 싶은,

더도 말고 덜도 말고
딱!
두 번만 죽어보고 싶은……

### 날개를 달고 싶다

잦아드는 봇물이듯
그 어느 어느새 얼추 바닥뿐인
이승의 늪을

오늘도
나무늘보 몸짓 빌려 뭉그적대는
이 맹목盲目의 길 끝,
그 어디에
어느 날,
나,
천길만길수수만길 가파른 어둠의
벼랑 끝에 서면
무한 천공으로 날개 펼친 비상이거나
벼랑 아래 밑 터진 검은 바다의 나락을
끝도 없이 추락하는,

맹목이어도 환한 저
운명의 길, 가르는 날개여!

문득,
어깻죽지를 만져보는 부끄러운 손이

황혼의 길섶, 팔랑이는 나비의 가녀린 날갯죽지를
자꾸만 만져 보고 싶어지는

날개!
날개를 달고 싶다

## 목욕탕에서 몸을 잃다

어느 날
목욕탕에서 몸엣 때를 미는데
문득, 없어져버렸다, 몸이

가슴살이며 뱃살, 그리고
팔다리며 허벅지 근육의 탄력,
그 탱글탱글은 아니어도
앞으로 오 년 아니, 얼추 십 년쯤은
이승일까, 가늠해보는데
언젠가는 내 몸이 아닐 그 몸,
돌연, 발밑의 수챗구멍으로
구멍 찾아 숨어드는 문어처럼
스르륵…… 빨려들어 가버렸다

마치, 회심의 강타구로 그렇게나 멀리 냅다 쳐
날려버린 홈런처럼
길고도 짧은 한 생의 말루를 밟은
내가!
공空의 컵 속으로 아싸하니 빨려드는
어느 훗날의 몽환夢幻처럼……

## 불면
### - 벽시계 소리

피안의 강나루 건너
초가삼간 호롱불 아래

울 어머니 여태
베틀에 앉으셨나

달그락~ 달그락~ 삼경을 오가는
아련한 유년의 바디 소리여!

그곳엘,
도로 가고만 싶어지는

## 개 코에 달 냄새가 난다
- 불면不眠

개울물엣 징검돌 밟듯
고작, 지그재그로 한 세상 길 얼추 디뎌놓고서는
생뚱맞게 제 발 저린 밤의 삼경을
뼈마디 덜거덕, 낡은 몸, 뒤척이네

어긋 디디고 난 그 뒤안길에 고여 질퍽이는
소라껍데기처럼 텅 빈,
공허의 늪에 발목 적시는 회한의 눈망울로
어둠의 동공瞳孔을 게걸스레 헤집어 핥으며
온밤을 허걱대는
이 청승맞은 꼬락서니하고는
빈 밥그릇 핥는 개 사뭇 닮았다

개 코에 달 냄새가 난다

## 허공의 배후가 궁금하다
- 별

해 넘고 난 그 어름에 오도카니 앉아
초저녁 하늘을 보네

달동네로 가는 서녘 하늘 길목에
하나둘 돋아나는
허공의 수챗구멍 환하다

어느 훗날
나, 살아, 낡은 몸, 벗은
빈 몸으로
거짓말처럼 빨려들어 갈 수챗구멍 저 너머

허공의 배후가 궁금하다

## 생의 경전耕田

나도 어쩌지 못하는
내 울안에 방목되는 나, 소띠라서
사뭇 소 닮았다

목동의 경계를 무시로 넘나드는
시무쟁이* 나쁜 소처럼
작심삼일의 텃밭도 아침저녁으로
갈아엎는 헷갈리는 쟁기질로
이 한 생의 경전!
흉작이다

하여, 새들도 이삭 줍는 밀레네 사람들도
들러 갈 일 없는
추수 없는 타작마당, 회한의 바람벽에 매인 저
우둔한 소고삐를
이제 그만 아침 이슬에 말뚝 박고
뻘끈 동여매어버리고만 싶은

*시무쟁이: 심보의 제주 말

## 섬이 걸어가고 있다

바다 저 멀리
우뚝 솟은 바위섬 하나
걸어가고 있다

이승 올 때 잉태한 하얀 달덩이 하나
자궁에 품고
거친 파도를 가르며
우직한 물소처럼
본디 집으로 뚜벅, 뚜벅……

배고파 우~우~ 우는 비바람 시린 물살에
몸엣 살 뜯어 건네는
천형天刑의 몸 보시 길 걸어

저 섬,
도로 집엘 가 닿는 날
닿아,
하얀 달덩이로 몸 바꾸는 날

그날이 하도 서러워
오늘도
물새들은 저리 빗속을 우는 거다

### 허공의 뒤란


그러니까
이승살이 팔 할은
위대한 착각으로 망령 난
막장드라마 같은 요지경 속인 것을

그래 봤자
말짱 부질없는,

비상을 잉태한 날개 접은
잠시잠간의 착지로 패인 나름의
허방 딛고

그 영원인 양,
그놈의 내 것 네 것에다 눈에 쌍심지 켜고
샅바잡이 씨름꾼처럼
아등바등 용을 쓰며 웃고 우는,

그러다 비실비실 힘에 부치면
사랑도, 미움도, 그리움도, 슬픔도,
보석상자며……

그토록 맘, 조이고 조이던
생의 고방庫房것
파장 떨이 손 털 듯 내려놓고

도로 날개 펼친 사뿐 비상이면
애고!
허공의 뒤란인 것을……!

## 바릇잡이

썰물에
어영부영하다 보니

아니,
벌써 들물이어라

바릇잡이
한 세상!

빈,
구덕 둘러메고

잰걸음으로
들물살 밟는……

# 2부
# 검은 손

## 적조 赤潮

누가
구름능선에 앉아
지상으로
낚싯대를 드리우고 있다

턱 괴고 앉은 밤샘이나
먹고 먹히는 사슬파도에 입질하는 건
요리조리 몸 바꾸는 가시고기뿐,
초록물고기는 없다

뉘실까
지천에 꼽고 앉힌 십자가며
부처를 물끄러미 굽어보다가
빈 구덕 둘러메고 돌아서 가는
저이는

저이
자꾸 빈손으로 그냥 돌아가 버릇하면
천상天上!
그곳에도 적조겠다

## 각하 閣下

각하,
이 허기진 한 표로
수익 창출에 도통하시다는
각하를 모셨으니
잘 먹고 잘 살 거다 싶었는데
웬걸, 넥타이 잡힌 형님에서부터
최가 놈이며 박가 놈들처럼
먹성 좋아 꿀꺽꿀꺽, 살판 난
지존至尊의 그늘,
그 묵은 누리에 안 살아서 그런지
먹고 사는 목구멍이 포도청인
이 백성의 길!
차라리 싹둑 접고도 싶지만
올망졸망 길 따라 나선 내 귀여운 강아지들
자꾸만 눈에 밟혀
차마 그리는 못하네요
혹여, 우리 일행 한 묶음으로
어느 국책은행 종합통장에 예치해두었다가
한 백 년 뒤쯤, 태평성대 어느 봄날
나, 한가로이 풀을 뜯는 어미 소 되고
배 불린 내 강아지들

푸른 초원을 폴짝폴짝 뛰어노는
송아지로나
환換하면 안 될까요
각하!

## 감투

시대가 바뀌고
정권이 바뀌고 또 바뀌어도
감투 쪽으로만 쥐새끼처럼 들락날락
빌붙으며,
명함 가득, 감투란 감투 죄다 쓸어 담고는
모가지에다 잔뜩 힘주고
활개 치는 위인들을 보노라면
못내 걱정인 것은
혹, 저들이
이승을 뜨기라도 하는 날엔
그네들이 갖고 노는 물레방아세상
뚝-하고
멎지 싶어서다
하여,
두 손 모은 관세음보살이며, 아멘이다
저들에게 부디 영생을!

## 리모델링


엄마 아빠
그 불타는 사랑의 혼불 지펴
빚은 맵시
맘에 영 안 차는 졸작이라고

너도 나도 그 멀쩡한
눈까풀, 코, 입술, 턱주가리, 볼때기는 물론
가슴까지 마구 허물고
리모델링하는 세상!

어느 명의 있어
내 낡은 뼈와 살과 오장육부며
묽어 망령 난 뇌수까지
싸악, 리모델링하고 나면 거기,
어머니 품속, 새근새근 잠이 든
요람일 터

까꿍! 하면 나, 방긋 웃는

## 우린 뭣고


 사십대 후반, 혹은 오십대 초반의 남자와 여자가 애완견 두 마리를 앞세우고 공원을 거닐다가 조막만 한 강아지를 남자 윗옷 품속으로 안겨주며 "엄마가 연실이 언니랑 어디 잠깐 갔다 올 때까지 아빠랑 놀고 있어, 어이구 우리 희야 착하지"
 그러고는 언니 강아지 연실이를 쪼르르…… 앞세우고 어디론가 종종걸음 하는 저 여자
 배 아프지 않고도 자식을 둘씩이나 얻어 좋고, 학원비니 수능 점수니 걱정 덜어 좋고, 배 아파 낳고 고생고생 키운 자식한테 여차하면 주먹곤죽 당할 일도 없어 좋고, 더군다나 손쉽게 짝짓기하고 갈라서는 이 시대의 새틸 같은 둥지에 버려진 피붙이 거두어 보듬느라 허리 휠 일도 없으니 참 좋겠다
 하여, 요즘 아기엄마는 안 보이고 맨 강아지 엄마뿐인 길거리에서 어쩌다 배부른 여자를 보게 되면 넙죽 엎드려 절이라도 하고 싶어지는 것인데
 나라에서 출산장려비에다 양육비까지며 온갖 혜택 다 준다고 꼬드겨도 요즘 젊은이들, 그 뒷감당이 두려워 열 받는 사랑을! 영, 삼가나 봐,

 아들 딸 구별 말고 둘만 낳고 잘 기르자던 나랏말씀에도 아랑곳없이 생기는 족족 낳고 또 낳아 등에는 업고, 앞엔 걸리곤 하며 뼈 빠지게 키워내던 때가 엊그제 같은 우린 뭣고!

## 거짓부렁이 새들


봄날의 신 새벽,
공원 사는 새들이
여명덩어리 물고 오는 상사디야 소리
쨍그랑~ 쨍그랑~ 저
금속성, 아따!
내 귀청 터질라, 저런
저 소란, 저 호들갑 아니어도
아침은 오고야 말 것을
저리들 헛 부지런 떨다니
아니, 아니다
저건 거짓부렁이다
꿈결이다가 아얏, 소리도 못하고
제들의 아가리 속으로 꼴까닥 꼴까닥
숨넘어가는
뭇 벌레들의 하늘 무너지는 수난인 것을
되레 상가 복재기들처럼
왁자지껄 울부짖어쌓는 저
거짓부렁이 새들
어쩌면 무자비한 점령군 같다
피도 눈물도 없는……

## 똥
### - 밥집에서

먹어 나, 살자고
오늘도 초원식당 도마 앞에 퍼질러 앉아
죽음의 덫에 덜커덕 걸려 퍼덕이는
나 아닌 목숨의 몸엣 살 뜯어
으적으적 씹고 있네

게걸스레 씹어대는 이빨 부딪는 소리
왁자지껄 요란한
사바나의 귀 없는 하이에나들과 함께……

먹어 살고, 먹히며 죽어주는
생사여탈의 이 아수라장,
이, 뭣, 고!

저렇듯 뭇 목숨의 몸 보시로
비육돼지마냥 여태 몸 불리며 살아온 난,
어느 허기진 입에 소신공양 할
한 끼니 찬밥이거나
두엄 속 곰삭은 홍어 살점 만도 못 되는
햐, 똥이다, 똥!
그냥 흙의 입 속이거나 불의 입 속으로

사그라지고 말,

혹, 초원의 풀섶에 눈 감고 누우면
또 모를까

사람의 거리


집 앞 골목 어귀에 오도카니 앉아
사람의 거리를 보네
생쥐가 지나가고,
개, 돼지도 멍멍, 꿀꿀, 쌩쑈를 하며 지나가고,
늑대도, 도둑고양이도, 꽃뱀도, 능구렁이도,
카멜레온도 지나가고,
암내 풍기며 활개 치는 암말의 꽁무니를
수말이 코 킹킹 풀며 따르고,
하늘엔 물찬제비도 날아 뿌린 씨앗일 터
뿌리 몰라 칭얼대는 아가
우는 엄마 등에 업혀가고,
백구두가 하얀 손을 들고 간들간들
그 뒤를 따라가고,
다만,
고개 숙인 키다리 아저씨가 길섶을 걷고,
길 한가운데는 번쩍이는 굴렁쇠를
발밑에다 달고
삐딱하게 세상을 앉아, 검은 밤을 씽씽 달려온
얼굴 없는 괴물들이 바람처럼 지나가고,
배불뚝이 뚱보아저씨도 난들 그만 못하랴,
팔자걸음이신 그 뒤를

절뚝이는 어린양의 머리 위론 밤인 듯
소쩍새 울고!
사람의 거리에……

## 파타에 우는 농심

파타, 저
듣도 보도 못한 고래등 같은 물결
쓰나미처럼 덮쳐오는 들녘으로
별 보고 들고나며
밥을 짓는 쟁기질이어도
밥은커녕 죽도 못 쑤는 막역함으로
이랑머리에 일손 놓고
소라껍데기처럼 쭈그려 앉은
농심農心!

쇠스랑 같은 흙손에
시름 짙은 얼굴 파묻고 있다

농자천하지대본의 대물림 쟁기질로
이랴 쩌쩌, 밭 갈고 씨 뿌려 밟는 소리
와자지껄하던
선대들의 애환 깃든 들녘의 저
적막한 어둠을, 그리고
잿빛 폐허를,

파타,

그 떡고물에 고삐 매인 허기로
씹으며……

### 지상의 비극

낙타가 바늘구멍을 빠져나가지 못하고
모래 바람을 안고 불의 사막을 방황하는 한
지상에는 나라와 나라 사이, 이웃과 이웃 사이,
그리고 너와 나 사이에는 언제나 전쟁!
개판일 거다

하여, 바늘 공장에서는
바늘구멍에다 큰 산 하나 집어넣은
바늘 거푸집부터 먼저 만들 일이다

그게 불가능이면
누군가가
낙타의 씨를 죄다 말려버리거나

그리도 못하면
애를 낳되,
심성이 올곧지 싶은 애들만을 낳든지
어린 양처럼 순한,

혹, 낳은 애의 싹수가
그 아니다 싶으면

누군가가 원초적 순수의 손길로
그 애 맘, 주머닐 싹둑! 뽑아버릴 일이다,
짐승이라도 되게

그러고 나면
원초적 순수뿐인 세상은 언제나 평화일 터

마치, 울담 너머로 제사 퇴물이거나
애호박 하나라도 건네고 건네오며,
성님 아우인 이웃들끼리 오손도손 서로 보듬어 살던
나, 어릴 적 풋풋했던 삶의 풍경 같은

### 달에서 곡소리 난다


남녘 큰 바람의 길목,
언덕배기 딛고 사는 감나무 한 그루

수난의 고리에 운명처럼 고삐 매인
아픔 아픔으로만 살아
꾸부정하니 등 굽어 늙으신 저
몸으로도

지난 봄, 가지마다 열매 알알이 맺고는
여름 내내 애지중지 보듬어 튼실하게
키워내더니만

간밤, 태풍 볼라벤이라는 그 무지막지한 놈이
차마 그걸, 그것도 아직은 설익은 것을
싹쓸이하고 냅다 줄행랑쳐버린
이른 새벽

졸지에 피붙이 털려 텅 빈, 수난의 가지엔
둥그런 달 하나, 벌겋게 걸려있다
조등弔燈처럼

달에서 곡소리 난다

## 파도

뭣 모르고 바다로 흐른
바보 같은 강의 회한의 몸부림이다
파도는

허구한 날
뭍을 향한 치달음이나
부서지고 부서지는 아비지옥의 저
절규!

놓쳐버린 강의 탯줄 다시 붙잡고
거슬러 흘러 강의 자궁 속으로
되돌아들고만 싶은 거다

오늘도 울부짖는 저
파도는

그러고 나면
강을 살며, 사냥개 코처럼 비린 업業!
그 아닌 척 확 뭉개져버리고
아예, 이승 살은 적도 없는……

## 수평선

하늘 밖 세상으로
훨훨 날아가고만 싶은 거다
물새들은

저 알 수 없는 큰 손이
암탉이 병아리 품듯
섬이며, 섬 돌아 바다를
하늘 보자기 보쌈으로 닫힌 하늘 저 너머
미지의 세계가 아슴한 향수처럼
자꾸만 그리워져서는

날이면 날마다
벼랑 끝에 오독오독들 서서
먼 바다를 버릇처럼 우러르는 저
물새들은 모를 거다

눈감으면 저절로
하늘 밖 세상인 것을,
어쩌면,
갯벌에 미끄러져도 하늘 아래 세상이
낫지 싶은 것을……

## 바람의 세상

배냇저고릴 갈아입고 나서부터
바람이었네

드센 그 바람 드잡이에
맞짱뜰 엄두는커녕 아예,
앞발 뒷발 다 들고 길섶으로만 살았네
甲에 乙도 아닌
개밥에 도토리처럼

살아, 그 어느덧
추수 끝난 서녘 빈 들에
허수아비처럼 서고 나니
죄인처럼 어여어여 등 떠미는 바람이여!

바람의 세상, 그 옆구리에 빌붙어
잠시 살았을 뿐인데,

## 묘지

풀잎, 풀잎 같은 생은 허공 속의
구름 몸 같아서
그 몸!
바스러지고 나면 허공의 뒤란인 것을

그럼에도 그 아닌 듯
좁은 섬 골골에 저마다 문패 달은
군중 속의 유령 같은 침묵으로
오종종 둥지 튼 저
동그라미 허상虛像들,

어쩌면,
산 자들의 부질없는 소꿉놀이처럼
저러다 그 언젠가는
한라산 꼭대기까지 저승동네로 넘쳐 날라……

행여,
하늘을 보네
쇠심줄 같은 집착의 끈으로
멈춰버린 시간의 모서리에 날개 매인

새!
새들!!

## 얼굴 없는 소


늘 당하고만 살았듯이
그날, 이른 아침도 뭣 모르고 아내 손에 붙잡혀 다랑쉬오름 기슭, 덤불 속으로 끌려갔는데
날 끌고 간 아내는 이내 어디론가 사라져버렸다
유기遺棄였다
그 유기범을 찾아 덤불 속을 이리저리 휘젓고 다니는데 여기저기 몽글몽글 솟아나는 햇고사리, 건물생심이라 했던가, 정신없이 꺾는데 느닷없이 맞닥뜨린 우공牛公이 풀을 뜯다 말고 부릅뜬 왕방울 눈으로 날, 쏘아 보며 길을 떡 막아서는 거였다
"무엇 때문에 잔뜩 뿔이 났는지는 모르겠지만 화는 건강에도 해로우니 웃고 사는 게 좋을 거라"고 말해주려다 문득, 사람들이 "쇠머릿고기 맛있다, 없다" 운운하며 우공들의 얼굴을 싸악, 뭉개버리고 말았으니 웃으려야 웃을 수도 없는 노릇인 그더러 허튼소릴 하다가는 그 부글부글 들끓는 뇌수가 왕방울 눈알을 밀어낼 것만 같아 유기범을 찾는 척, 고사리를 꺾는 척 얼른 숨어드는 덤불 속, 칡넝쿨이 자꾸 발목을 잡았다
마치, 걸핏하면 "소가 웃겠다"고 말하곤 했던 그 어폐語弊 탓인 양⋯⋯

## 보이지 않는 손의 눈금


샘은
봉긋한 산봉우리 비탈에 있는
신비의 바위틈에서 솟아나는데

속절없이 솟아나는 샘의 알갱이들은
사방으로 얼기설기 뻗어나간
수천수만 갈래의 강줄기 따라
흐르고 흐르는데

비바람 불고 눈보라 치고 꽃피고
새가 우는 강 길을
나름 나름의 몸짓무늬로 흘렀어도
정작,
강 하구에 쌓이고 쌓이는 것은
모래톱뿐인데

그 모래톱 속의 무색무취한 투명을
보이지 않는 손의 매서운 눈금들이
분주히 뒤집는가 싶을 뿐인데……

마른 하늘이어도
비에 흠뻑 젖는 내 몸이다

## 검은 손

그 영원하리라,
그네들이 즐겼던 권세
어허, 그도 한철의 메뚜기였네

그때, 그 서슬 퍼렇던
유신표維新票 권력의 손톱에
곰팡이처럼 피는
검은 손의 매질, 매질에 당한 적 있다

짐승처럼 맞아 욱신거리는 삭신보다
영혼이 더 아팠다
자기네 세상에 빌붙어 살며
감히 그 검은 속을 깐족댄 죄에
그 벌!
하늘이 노랬다

아, 이마에 검은 불꽃 좆나게 튕겨주던
그때 그 손들
지금은 어디서 무얼 쥐고 있을까,
망각의 눈으로도
불쑥불쑥, 자꾸만 만져보고 싶어지는
그때, 그 검은 손!

# 3부
# 황금 불가마

## 공범

조무래기 시절
어머니와 나는 공범이었다
그해, 불타는 여름날,
왜놈의 앞잡이들이
송맹이터 길, 나무그늘 의자에 턱하니 걸터앉아
보리 공출 할당량 모자란 마을사람들
땡볕 아래 세워놓고
앞으로 갓, 뒤로 돌아 갓 하며 벌을 주다가
수틀리면 엎드려 뻗혀 시켜놓고
몽둥이질 해대던 그 시절,
가택수색 피해 식속들 먹여 살리려고
보리 담은 멩텡이* 등짐으로 숨겨둘 곳을 찾아
들로 가며 따라오지 말라는 어머니의
손사랫짓인데도 강아지처럼 졸졸 뒤따라가는데
뚫린 멩텡이 구멍에서 보리알맹이가 길바닥으로
하나둘, 졸졸 흘러내는 거였다
난, 그 어린 마음에도 어머니의 범행이 들통 날까 봐
발로 흙을 문질러가며
그 족적을 없앤 서투른 공범이었다
비가 오면 흙이 씻겨, 이내 들통 나고야 말 것인데도
그걸 모른

*멩텡이: 밭벼 짚으로 엮은 곡식 담는 용기

구두


　아버지가 콩깍지 타는 삼방 돌화로 가에서 삼아준 짚신에서부터 나막신, 조리, 게다, 검정고무신, 흰 고무신, 운동화, 장화, 구두하며 그 면모도 다양한 합이 백여 켤레의 신발들을 세월의 뒤안길에 벗어 놓고 예, 이르고 나니

　아, 되돌아가고 싶다
　발 시리고 손 곱았던 짚신과 나막신의 가난이어도 저
　아련한 유년의 추억 속으로……
　허나, 남은 것은 쇠가죽구두 한 켤레뿐인 것을!

　그것도 누가 아니랄까봐 주인을 꽤나 닮아, 골 깊은 주름투성인데다 술의 나라에서 갈지자걸음이다 돌부리에 채어 코 깨지기가 일쑤여서 얼굴 성한 날이 없는 한 켤레로는 종점인 피안의 둔치까지도 못 갈 것만 같고, 그렇다고 새 구두를 사면 그 수명이 많이 남아돌 것도 같고, 하여 망설이고 망설이던 끝에 얼마 전 큰맘 먹고 거금 십오만 원에 사들인 금강구두가, 피안의 둔치 너머로 날 넘겨주고 나서도 그 밑창이 많이 남아돌 것을 알아버린 그 구두가,

　아 글쎄,
　그 깜냥 한답시고 오늘도 어기적거리며
　지구를 박박 긁고만 있다, 이런!

## 문안

황금연휴를 맞아
삼박사일로 뭍 나들이 간 큰 딸네로부터
아침저녁으로 문안전화가 걸려오는데
딸이랑 그 딸의 아들딸들이
번갈아 가면서 전화를 걸고는
"하나가 잘 있느냐"고 묻는다
"그래 밥도 잘 먹고 한 이불 속에서 같이 잠도 자며
아무 탈 없이 잘 지내고 있다"고 하면
"예 알았습니다," 하고는 그뿐으로
이내 전화 끊는다
그네들이 그토록 안부가 궁금한 '하나'는
봐달라며 맡겨두고 간
그네들의 아들이며 동생인, 귀여워 죽겠는
강아지 이름인데
툭 튀어나온 눈망울을 숨겨주는 긴 머리칼이며,
네 발만 빼고
몸, 다리 털 죄다 밀어버린,
다이어튼가 뭔가 한답시고 비쩍 마른데다
오이씨만도 못한 발톱에다 매니큐어까지 칠한……

## 건망증

푹푹 찌는 중복 날
큰딸네랑 찾은 곽지해수욕장
모래사장 비탈을
힘겹게 기어오르는 파도에도 중심을 잃고
이리저리 휘둘리던 몸을
과물*의 벽담 구멍에서 쏟아지는
얼음장 같은 물줄기에
"엇 춰라" 씻은 다음 모래 헹군 팬티를 입고서는
소매 긴 셔츠를 이리저리 찾는 것을 보다 못한
중학교 일학년 제웅이가
할아버지 어깨엣 건 뭐 꽈, 그런다
셔츠를 먼저 헹구고 어깨에 걸쳐 놓고서도
그걸 그새 깜박한 거다
언젠가 시골집에서 혼자 밥해 먹으며 살 때
주걱 먼저 잡은 손에 밥그릇 잡고도
이내 그걸 깜박하여 주걱을 찾다 못해
숟가락으로 밥을 떴던 일이 생각나
과물을 나오면서 혼자 중얼거렸다
들숨날숨이 전 자동이기에 망정이지
숨 쉬는 것마저 깜박할 것 같다며,
하는 소리가, 죽어사주!

*제주시 애월읍의 곽지해수욕장에 있는 용천수

## 할망

검은 머리 파뿌리 되도록
살 붙이고 살면서도
여보라는 말이 여엉 닭살이어서
아내더러 "할망" 하고 부르며 사는데
삼촌네 잔치 전전날, 아내가
삼춘네 잔칫날랑 놈 부끄지 할망 할망 ᄒ지마랑
여보! 헤영 부릅서 양,
그 신신 당부에 알아서게, 해놓고는
막상 잔칫날엔 그 당부 잊은 엉겁결에 그만
"어이 할망" 하고 부르자
할망 할망 ᄒ지마랑 여보! 헤영 부르랜
그마니 곧단보난 또 할망 할망 헴쑤과 요 하르방아,
하며, 아내가 타박을 하기에
이녁도 하르방이엔 헴신게게, 하며 맞짱 뜨자
좌중은 와락들 웃어대고,
그놈의 닭살인 "여보!" 때문에……

## 금값

저녁 뉴스시간
TV 화면 가득한
그 빛도 휘황찬란한 금,
그 금값이
천정부지로 치솟아 오른다는 소식이다
아내가 친목계 돈 나눠 마련했다가
애들 등록금에 보태버린
열두 돈 반의 금반지와 네 돈 반의 금목걸이
본 적은 있으나 만져본 적 없는,
지니면 무겁고, 신경 쓰일 것만 같은,
그래도 그림의 떡인 저 금값아,
솟을 테면 맘껏 치솟아라,
내겐 솟으나 마나 한……

## 거시기

섣달 그믐날
동네 목욕탕, 뜨슨 물에 푹 담가
한껏 때 불린 몸을 꺼내
사람들 틈에 앉혀 놓고는
일 년 묵은 때를 미는데
한 사람 건너 자리 잡은
오십대 중반이
거시기 동넬 씻으면서
뭐라, 뭐라고, 자꾸만 구시렁거린다
저 양반이 뭘 잘못 먹어서 저러나
생각하면서
내 동넬, 문득 살피니
뭘 못 먹어서 그런지 영, 부실해 보여
정신 좀 차리라고
찬물 한 바가지 버럭,
뒤집어씌우고 말았다

## 황금 불가마

우리 동네 황금 불가마 솥에는
아직도 물 허벅 진 여인이
물 길어오며 살고 있는데
쥐색 치마저고리에 수건까지 쓴,
돌ㅎ 몸이어도 어머니 같고 누나같이
곱상한 여인이
바람에 옷고름 휘날리며 물 길어다
불 지펴 데운 가마솥의 뜨근한 목욕물에
전날 술로 떡이 된 몸을 푹 담그면
물 허벅 진 여인이 쏟아 붓는 물의 손길이
정수리며 양 어깨를 토닥여 주고
등목까지 해주는 그 손맛,
마치, 유년의 잠결을 토닥여 주던
어머니의 보드라운 손맛인데
그 물의 손맛에 환청처럼 묻어나는
"예야, 느 무사 기영 맨날 술만 먹엄시니게
몸 생각도 ᄒ여그네 술 좀 족족 ᄒ렌 ᄒ난
알아 드렴시냐아, 요 내 애기야!"
어머닌 자나 깨나 아들 걱정이시고,
그 아들은 이 저승을 넘나드는 불효 일삼으며
가슴 저미고······

## 노래방 도우미

오늘
할멈은 귤 따는 품 팔아
삼만 오천 원을 벌어오고
나는 노래방엘 가서 도우미 품삯으로
사만 원을 쓰고 왔으니
가계부에는 오천 원이 적자인 셈이다
할멈은 새벽 일곱 시에 집을 나가서
무려 열 시간 노동으로
삼만 오천 원을 벌어왔는데
노래방 도우미는 한 시간에 이만 원씩,
두 시간에 사만 원을 벌고 갔으니
수지타산으로는 하늘과 땅이다
하여, 내가 노래방엘 가질 말든지
아니면 할멈을 노래방 도우미로 내보내든지
둘 중에 하나를 택해야 할 것만 같다
그런데 음치 중에 음치인 할멈이
가끔 노래도 불러야 하는 노래방 도우미 일로
시간당 이만 원씩을 받아낼 수 있을는지
그것이 사뭇, 궁금한 거다

## 낮달

그러고 보니
하늘의 배꼽, 저
낮달은
서툰 범인이 벌건 대낮에
어설프게 숨겨둔 장물이었네

그 옛날
뉘 집 세 살배기 손자 놈이
할아버지가 고사리 같은 손에 꼭 쥐여준
오백 원짜리 동전 한 닢 좋아라, 들고
동네 구멍가게로 까까 사러 아장걸음이다
하뿔싸! 놓쳐 또르르…… 굴러가는 것을
어느 개구쟁이가 냉큼 집어
훅- 하고 하늘 높이, 높이로 힘껏 던져
숨겨둔

그날 이후로 여태 저 낮달이
장물이라는 사실을 아는 사람은 아무도 없다
다만 웬 백발 노인네가
가끔 멍하니 우러르곤 하는 것인데
마치, 돈을 도둑맞고 길바닥에 주저앉아 울며

하늘을 가르키는 손가락 끝에
이내 반쪽 되어 딱! 걸렸을
그때 그 꼬마 전주錢主나 되는 것처럼……

## 금연

겨울 어느 날,
양지바른 처마 밑에
늙은 장닭처럼 잔뜩 웅크리고 앉아
모처럼의 귀한 햇살에
언 몸속의 시린 영혼을 꺼내놓고
꼬실 꼬실 하니 말리는데
아, 글쎄 생뚱맞게
오래전부터 끊고 있는 담배 생각!
생각, 생각다 못해
아들이 그토록 사랑하는 에세 한 개비를
슬쩍하고는
꿀맛 같은 연기를 하늘로
모락모락 말아 올리고 올리는데
아뿔싸,
매운 연기에 혼절한 하늘이
뱅뱅 돎에
그 죄스러움 어쩌지 못해
어정어정, 비틀비틀, 방으로 들어간 영혼이
몸보다 먼저
이불 속으로 숨는다

## 갈치대가리

어두육미를 알아버린
아내가
갈치를 구울라치면

대가리는 언제나
내 몫이다

그다음 꼬리부분은
아들 몫이고,

가운데 토막은
손자 놈 몫으로 돌아간다

그러고 보니
아내는 아직도 나만을 사랑하나 봐
여보, 고마워요!

## 동지 팥죽

동짓날 아침
아내와 단둘이서 동지 죽을 먹으면서
생뚱맞게
이녁은 죽었다가 다시 태어나면
나하고 같이 살젠 헴서, 하고 물으니
요 하르방아, 그걸 말이엔 헴수광, 같이 삽주게,
그런다
그 언젠가 물었을 때는
미쳐쑤꽈, 같이 살게, 말해놓고는,
치매는 아닐테고
건망증처럼 왔다 갔다 저러니
그 속내를 도무지 알 수가 없다
하긴,
난들 죽었다 다시 태어나면
나하고 같이 살고 싶으랴만……

## 돼지머리


시골 상가에 문상을 가서
영전에 절 세 번 하고 일어서는데
제상머리에 턱하니 나앉아 절 받은
몸 없는 돼지가 배시시 웃으며
내 몸엣 고기로 안주 삼아
술이나 들고 가란다,
축머리에 걸린 바둑알처럼
칼의 눈 같은 섬뜩한 입, 입들에
저당 잡힌 몸이다가
끝내 베인 몸, 보시하고
운명처럼 西로 간 설운 목숨의 저
뒷모습,
부처님 가운데 토막 같은
자비의 미소이시다
해탈이시다

나, 그 몸, 안주 삼아 술 마시고는
소신공양의 넋에 경배하는
마음, 마음으로다
넙죽넙죽 다시 절하고 왔다

### 부지깽이


한해에 제사상 열다섯 번 보고
그랑 나랑, 몸엣 식솔들하고
그 식솔들 몸엣 식솔들하며,
합이 열두 식구
뒤치다꺼리 하느라 허리 휘는 마누라도
때론 망중한이 있어
피아노건반 퉁길 때
"랄 랄 랄, 라 라 랄 라"
중모리 중중모리 휘모리장단이면
뜨락의 벌 나비들도
팔랑팔랑 두둥실 춤을 추는가 싶다가도
높은음자리 장단, 쾅! 쾅!
번개 치듯 하면 벌 나비 춤도 뚝 멎고
화들짝 놀라 튕겨난 나,
바지런한 부지깽이로 곧추서서
드실 물 뜨러 간다

밥!
그놈의 밥 때문에

# 밥

빈둥빈둥 놀면서도 밥 때가 되면
안방, TV드라마 삼매경에 빠져
웃고 우는 할멈더러 밥, 먹고 싶다, 그러면
"하르방 냥으로 출여그네 먹읍서"[1] 그런다
어쩌랴, 목마른 놈이 우물 판다고
나대로 밥을 차려 꾸역꾸역 먹은 다음
설거지까지 딱 부러지게 하고서는
커피 두 잔을 끓여 한 잔은 찻잔에 받쳐 들고
안방으로 가서 "혹시 커피 드시쿠과"[2] 그러면
그걸 받아 드는 할멈도 호호, 나도 하하 웃는
이 남녀평등의 시대여,
그 옛날,
삼방[3] 돌화로 가에 앉아 진지 다 드신 할아버지
헛기침소리로 밥상 물리시면
부엌에서 따로 식사하시던
등 굽은 할머니가 떠다 올린 숭늉 받아
"구굴구굴" 입안을 행군 다음 꿀꺽 삼키시고는
또다시 헛기침소리도 어험!
허연 수염을 내려 쓸곤 하시던
울 할아버지 아시면 크게 경을 치실……

1) "당신이 손수 차려 드세요"라는 뜻의 제주 말
2) "마시겠나"라는 제주 말
3) 마루의 제주 말

### 뒷방거사

그 어느덧
서녘 에움길에 이르고 나니
내 몸 덩어리가
그렇게나 무거운지
내딛는 발걸음걸음마다
그 힘에 부친 땅덩이가
기우뚱~기우뚱~ 좌우로 쏟아지는
하늘이어서
혹시라도 땅덩이 덜컥 뒤집힐라,
걱정되어
부득이한 일 말고는
아예, 발길 접고 사는
뒷방거사居士네요

그저 그냥
낡아, 빠지고 무너져 부실한
윗니 아랫니로도 밥이 되고 술이 되는
막걸리의 그 텁텁한 맛에
옹알옹알 감읍하는 나날로
가뭇없이 죽어가는 일밖에 없는……

## 부처 같은 여자

아내가
하루가 멀다 하고
샤워해라, 내의 갈아입어라
닦달질이다

그 까닭인즉슨
밖에서 혹시 옷 벗을 일이 있을지도
모른다는 거다

하여, 저 부처님 가운데 토막 같은
심성心性 앞에 넙죽!
절이라도 하고 싶어지는 것인데

막상, 그래봤자
바깥에서 옷 벗을 일이
퉷!
있을라고,

## 하루살이

가없는 우주 속의
점點도 못 되는 지구 속, 그 동녘 아랫동네에
아스라이 걸린 토끼나라
그 꽁무니 아랫물에 동동 뜬
토끼 똥만큼 한 섬
여기, 삽 한 자루 꽂을 곳도
양동이 하나 둘 데도 없는
코딱지만 한 혈거穴居에 코 박고,
영원의 발톱에 괴는 하루살이도 아닌 것이
그 영원인 양
그놈의 내 것, 네 것 때문에
아옹다옹 삿대질에 눈알 뒤집는 요지경 속을
미꾸라지처럼 요리조리 용케도 유영하는,
돈 쪽으론 영 젬병인 나를 만난 것도
팔자려니 하고
그냥저냥 살아주는 아내더러
"영원히 사랑합네" 너스레 짓 하며
버릇처럼 영원을 깐족대는 내가
아무래도 사기꾼만 같아
나는, 내가 사뭇 우습다

# 4부
유년의 허공에 매달리고 싶다

# 문상 問喪

꿩이랑 다람쥐며 들고양이들
더불어 사는
동구 밖 놀이동산 유년의 달빛 아래
날더러는 무궁화 꽃 피우라 해놓고는
저는 집으로 가버리곤 하며
날 골탕먹이던
그때 그 아이
늘그막에 그 버릇 도로 도졌나
병풍 뒤에 숨 멎은 몸, 꼭꼭 숨겨놓고서는
국화꽃으로 둘러싸인 제상머리에
턱하니 나앉은
몸 없는 얼굴로 실실 웃으며
"요놈아 날 찾아봐라" 그런다, 저런!
덜컥, 이승을 버리고서도 그 아닌 척
저리 웃음이 나올까 싶어
그 시선을 피하는 나를 끈질기게 쫓아다니면서
무궁화 꽃이나 실컷 피우라며 날 놀려 대는
저 불알친구야!
피안의 강 건너 동구 밖 놀이동산
유년의 달빛 아래 부디 꼭꼭 숨어있게나
예서 무궁화 꽃 다 피워내고
나, 자넬 찾으러 갈 때까지……

## 유년의 허공에 매달리고 싶다

지금도 그때를 생각하면
얼굴이 화끈 달아오르곤 하는 것인데
노팬티에 삼베바지 입은 허리를
무명 헝겊으로 뽈끈 동여맨
초등학교 3학년 체육시간,
철봉에 매달린 나는
턱걸이를 한 번이라도 더 하려고 용을 쓰는데
그 힘에 부친 헝겊 허리띠가
그만 풀려버리는 바람에
홀라당 벗겨진 아랫도리로 허공에 매달려
어쩔 줄 몰라 하는 나의 갓 솟아나는
죽순 같은 거시기를
철봉대 앞에 쪼르르들 앉은 동그란 눈으로
기어이 보아버리고는
조막손으로 입을 가려가며 까르르 웃어대던,
지금은 손자 놈들의 고추를 바라보며
배시시 웃고 있을
단발머리, 춘자 하옥이 옥순이 행복이 금순이
승옥이 영수네 들아!
그때, 그날, 그네들의 동그란 눈높이 허공에다
나,
벗은 아랫도리로 다시 매달리고 싶다

## 골막 식당

제주동여중 가는 길옆의
골막 식당
돼지 고깃살 몇 점, 듬성듬성 띄우면
삼천오백 원이고
안 그러면 삼천 원 하는
쫄깃쫄깃한 우동 한 그릇에
곁들여 단숨에 들이키는 막걸리 한 사발의
그 맛!
그 옆, 옆쯤
외로운 골방에 쭈그려 앉은
아버지 두고
혼자 먹던 그 우동 맛이여,
겨우 이제야 생각는다
피안의 강 건너 달빛 드는 난간에 앉아
줄담배 피우고 계실
아버지를!

## 갈대밭 풍경

성산포로 들어가는, 바람 드센 길목의
갈대밭 그 한가운데에 있는
오붓한 물 밭뙈기에는
오래전부터 바람이 대물림으로
그림 농사를 지으며 살고 있는데
그 농사가 영, 별로다
어느 날
겉보리씨 서너 말가웃지기 물 밭 수면 위에다
바람이 후~우~ 입김 불어 그린,
물무늬 그림을
빙 둘러서서 감상하던 머리 허연 갈대들
고개를 설레설레 저으면,
바람이 그 그림을 지우고 다시 그려도
또 설레짓 고개이면, 또 지우고 그리고……
그 옆, 아바이순대에서
순대접도 듬삭듬삭 푸짐도 하게 치르는
종호 아우네 아들 잔치가 다 끝나가도
바람은 한 이랑의 그림농사조차
끝내 짓질 못했는데

저러다 시방,

잡초뿐인 생엣 이랑머릴 갈무리하는
나 짝 날라

## 장맛

날이 어두워지면서
비가 올 것만 같아
장독 뚜껑을 닫으려다 보니
간장항아리에 별 하나 빠져 울고 있었다
국자로 건져주려면 숨어버리고,
뚜껑을 닫으려면 나타나고,
그러기를 몇 번,
별이 날 갖고 노는 것만 같아
뚜껑을 쾅! 닫고
장독대를 내려오고 말았다

별 덩어리 하나 우려낸 우리 집
장맛!
어쩌면, 별미이지 싶다

## 눈은 내리고

펄펄
함박눈은 내리고

장독대에도
닭장 위에도
통시* 모롱이에도
눈은 펄펄 내리고

먹던 군고구마 내던지고
검둥이랑 엊그저께 낳은 송아지랑
마당 가득 뛰어 놀던
그때 그 아인 오간 데 없고

군고구마는 먹고 싶고
펄펄
함박눈은 내리고……

* 돼지우리의 제주 말

## 삼각팬티

빨래집게에 사타구니 물린 아픔으로도
바람에 찰랑대며 날 유혹하던
삼각팬티 두 장
저녁 비에 추적추적 잘도 젖는다
그 찰랑대던 분홍빛 미소는 오간 데 없고
축 늘어진 침묵이시다
마실 간 아내가 돌아오면
그것 하나 챙기질 못했다고 욕 퍼먹을 나는
난간에 죽치고 앉아 짐짓, 심술이듯
젖는 팬티만 고소하니 바라보며
한잔 또 한잔 또 또 한잔 술에 물씬 젖어들고,
설령 낙엽 같은 저 팬티 챙겨본들
어디가 안이고 밖인지도 모르는 나,
제대로 개킬 수도 없는 노릇인데다
팬티야 내일 볕에 널어 다시 말리면 그만이지만
평생을 술에 젖은 이 몸,
햇볕에 내다 걸면
삼각팬티처럼 햇살 내음도 뽀송뽀송하니
아, 마를까……

## 오죽 烏竹

지난해 가을
아들이 오죽 한 뿌리 구해다
화분에 심더니만
올봄엔 여남은 그루 죽순이 솟아나
아들의 심지心志를 보는 듯 흐뭇했는데
이 여름 어엿한 대밭이다
내가 아침 저녁으로 대밭에 물을 주면
그 밖의 일상은 바람이 알아서 챙긴다
어쩌다 바람이 게으름 피는 날이면
대밭은 죽음이듯 침묵이다가
산들바람이 불어오면
좋아라, 사운대는 몸짓이다가
거센 바람이면 크게 눕고 일어나는
그중 한 그루가 허리 굽는 것 같아
어느 날 아침
지지대 하나 세워주고 돌아서는데
그대, 갈대 무성한 마음 밭에도 지지대 하나를!
와글와글 비아냥에
나, 얼른 돌아서서
그 지지대 확 뽑아버리고 말았다

## 유품遺品

가로 13cm, 세로 11cm
손바닥 크기만도 못한 종이쪽지 한 장
눈물 젖고 손때 묻어
접혔던 자국 따라 두 쪽으로 떨어져나가고
보풀진,

어머니의 유품이다

1951년 가을,
중학교 2학년 열일곱이던 아들을
동구 밖에서 손 저어
6·25 싸움판엘 보내놓고
뜬눈으로 밤을 지새우며 무사귀환을
빌고 빌던, 금지옥엽 그 아들이
차마, 그해 겨울, 어느 날
○○지구전투에서 혁혁한 공을 세우고
전사했다, 는 전사확인서다
애도의 뜻 표하는 말 한마디 없이
사뭇 사무적으로 날아든
하늘 무너지고 땅이 꺼지는 소식에
정신을 놓으셨던 어머니!

못다 피어 간 아들의 슬픈 혼 불러
무덤 하나 만들고는
밤이면 식솔들 몰래 그 쪽지 꺼내놓고
아들인 양 매만지며 속울음 우시던
지금은 내가 고이 간직하고 있는
어머니의 한이 서린 유품이다

## 어떻게 알았을까

어느 날,
시골길에서
경중경중 강중강중 앞서거니 뒤서거니 뛰어오다
나를 본 어미 개는 힐긋힐긋 뒤돌아보며
도망을 가고
강아지는 부르는 손짓에
앙증맞게 꼬리를 흔들며 내게로 와서는
내 손가락을 간질이며 맛깔나게 핥아대고
그랬는데

어떻게 알았을까
어미 개는
내가 육식동물이라는 것을,
그리고 강아지는
훗날, 내 손가락이 썩어 문드러지고 나면
뼈다귀라는 것을

## 임종

술 중독에 살며
해롱대는 정신으로 칼 잡은
안과의사에게
백내장 눈을 맡겼다가
그만 까맣게 빛을 잃으신 아버지
얼마나 답답하실까 싶어 눈을 감으면
숨이 턱 막혀, 이내 눈을 뜨곤 해지던
그 칠흑 같은 어둠의 나날을……
오직 라디오 채널 세상 속으로만 들고나며
십육여 년을 사시던 그 아버지,
사나흘을 앓아누우시던 어느 날
돌연 점심 달라 하시고는
그 점심 두세 술 떠드리자 방문 다 열라, 며
도로 누우셔서
마실 가듯 홀연히 그 먼 길 떠나실 때
고등학교 이학년 큰손녀 양미가
할아버지! 눈 떠그네 가십서 예……
그 울먹임을 차마, 뒤로하신 울 아버지,
큰손녀 소원처럼 환하시지요?
그곳은

## 하늘 텃밭


고만고만한 집들
가뭄에 콩 나듯 듬성듬성 들어선
광양光陽벌에
나도 고만한 또래 집 한 채 짓고 살았는데요

살며 숨, 가쁜 날
장독대에 오르면 거기,
끝 간 데 없이 뻗어나간 바다며
뒤로는 어머니 품 같은
포근한 한라漢羅 큰 산이 있어
가쁜 숨, 추스르곤 하는 생의 위안이었는데요

강산이 네 번쯤 변하는 그새
그 산 무너지고 바다 사라져버린 자리엔
앞 다퉈 하늘로만 기어오른 사방의 빌딩 숲,
차라리 감옥이네요

그나마 우러르는 곳에 은총이듯
빠끔히 뚫린 하늘 한 조각, 저
하늘 텃밭에
숨 막히는 삶을 추스르는
마음 경작하며 사네요

## 빈손

사는 게 뭣산디
목을 죄는 넥타이 풀 듯
옭아 매인 빈곤의 코뚜레를 풀지 못하네

운명처럼 척박한 묵정밭 생애에
밥을 짓는
흙바람 속 쟁기질이어도
마른 우물처럼 우걱우걱 긁어만 대는
보습소리뿐인 것을,

이게 삶인가 싶어 멍하니 주저앉은
눈썰미에
저 멀리 고봉밥 같은 오름 하나
덜커덩 걸린다

걸린 오름이 삶의 무게다
이제 그만 푹!
뒤집어쓰고만 싶어지는

## 초승달 1

잘 익은 바나나 같고
물 위를 종종이는 아기 물오리 같고
어찌 보면 하나 같고
어찌 보면 둘 같고
셋 같고
넷 같고
다섯 같고……

저 바나나 하나이면 뉘도 몰래 슬쩍 따서
초등학교 1학년 예쁜 손녀 해림이 주고
둘이면 할머니 몰래 해림이 하나,
나 하나 먹고
셋이면 할머니도 하나 먹고
넷, 다섯이면 누굴 주지?

아기 물오리들이면
하늘 넓은 물에 종종이게 그냥 두고

아 참,
뒤따르는 샛별 과자 하나는
할머니 몰래 쉬~잇~
해림이랑 나랑 반쪽씩 나눠 먹고

## 초승달 2

사는 게 뭣산디
무능한 짝 만난 것도 팔자라서
그냥저냥 사는 삶이 얼마나 버거웠으면
저리 소같이 누운 고단한 잠일까 싶은
아내 곁에 누워 궁싯거리다가
살짝 빠져나와
아내 몰래 숨겨둔 그 여자네 집엘 가는
굽이길 모퉁이 나무 아래서
좌우 사방, 한번 휘돌아 살피고는
소피를 보는데
성긴 나뭇가지 틈새로
내 거시길 훔쳐보는 눈빛 있다 싶어
후딱 올려다본 하늘 거기
아미蛾眉 속으로 얼른 숨는 벌겋게 상기된
눈망울 하나

하늘의 저 요염한 색정色情!
날, 헷갈리게 하는

## 장날

저승길도 벗님네 여럿이면
홀로여서 외로운 이승길보다
사뭇 낫지 싶어서일까
이른 아침 쇠창살 속으로 느닷없이 등 떠밀려
오일장 보러 나온 닭들이
마중 나온 손에 손을 잡고 뿔뿔이 흩어져
어디론가 제 갈 길들 가버리고 난
을씨년스런 파장 무렵
유독, 손길 놓쳐 못 떠난 외톨이로
창살 속을 서성이는 장닭의 단추구멍 같은 눈이
털 뽑힌 몸, 서로 비비며 좌판 위에 누워 있는
닭들의 저승길을
자꾸만 갸웃 갸웃 들여다보고 있다

## 이명耳鳴

내 귓속은
봄, 가을, 겨울 없이
언제나 한여름이다

수천수만 마리의 매미가 살며
와자지껄 우는

틀어 막으면 막을수록
더더욱 발악하는 소리 지겨운
고막 속으로 바락!
살충제라도 들이붓고 싶어지는,

내 귓속은
사시절 여름이다
매미가 우는……

### 황혼의 고독

저무는 서녘 강가에 쭈그리고 앉아
놀빛 설운 피안의 강둑을
멍하니 바라만 보고 있는
웬 초췌한 노인네

왕따 같다

마치, 육십 억 인구 죄다
강을 건너 가버리고
홀로 떨어져 남았지 싶은

어쩌면,
강을 영영 건너지 못하지 싶은

## 얼음꽃
- 白梅

엄동설한 저
인고의 먼 길 살아
아직은 살얼음인 시린 뜨락 딛고
오종종 피어난 얼음꽃아

이 아침,
그대 앞에 벌서듯 서고 나니
꾀죄죄한 내 모습, 부끄럽기 그지없고나

내가 살아온 길도
그리 만만치는 않았다마는
그대에게 나, 묻노니

나, 살아온 이 길 되돌아가서
그대 살아온 길 따라 여기엘 다시 오면
내 몸에도 아,
그대처럼
꽃이
필까!

눈썰미에 시린 물기 촉촉 머금은
청초하고 단아한 여인 같은……

# 피안을 건너는 법
— 김도명 시집에 부쳐

김승립(시인)

늙는다는 것은 대체로 서러운 일이다. 생로병사는 모든 숨탄 것들의 피할 수 없는 운명이로되, 그렇다고 해서 받아들이는 입장에서 늙음을 당연시하여 아무렇지 않을 수 있는 자가 몇이나 되랴. 고려 충선왕 때의 문신 우탁의 '탄로가(歎老歌)'를 비롯하여 많은 시인 묵객들이 늙음을 한탄하는 노래를 지어 불렀거니와 그것들의 고갱이는 다음 노래에 여실히 드러나 있다.

오는 백발 막으려고 우수(右手)에 도끼 들고, 좌수(左手)에 가시 들고,
오는 백발 뚜드리며, 가는 홍안(紅顏) 걸어 당겨
청사(靑絲)로 결박하여 단단히 졸라매되,
가는 홍안 절로 가고 백발은 스스로 돌아와
귀 밑에 살 잡히고 검은 머리 백발 되니
— 〈춘향전〉의 '백발가(白髮歌)'에서

가시로 얽어 바리케이드를 치고 도끼로 끊어내면서 철벽방어

를 해도 무적전차처럼 침공하는 절대시간은 숨탄 것들의 어떤 노력도 헛되이 무산시켜 버린다. 고래심줄로 제아무리 단단하게 묶어 놓는다 해도 젊음은 손아귀에 움켜쥔 물과 같이 어느새 흔적도 없이 빠져나가는 것이다. 유행가 가사가 아니더라도 흐르는 시간 앞에서 청춘은 한갓 '꿈'에 불과할 뿐이다.

누구에게나 닥치고 누구나 겪는 일임에도 불구하고 '늙음'이 인간에게 이다지도 두려운 까닭은 어디에 있는가? 고대 로마의 철인 키케로는 선대 정치가 카토의 입을 빌려 노년이 비참하게 보이는 이유를 네 가지로 명확하게 요약해준다. 노년은 첫째로 우리들에게 활동할 수 없게 만들고, 둘째 우리의 몸을 허약하게 만들며, 셋째 우리에게서 거의 모든 쾌락을 앗아가며, 넷째로 죽음으로부터 멀리 떨어져 있지 않다는 것이다. 결국 늙음이 문제인 것은 쾌락의 상실과 필연적인 죽음으로의 귀결 때문이라 하겠다.

산뜻하지 못하게도 말머리를 '늙음'에 대한 얘기로 시작하는 것은, 눈치 빠른 독자들은 이미 감을 잡았을 테지만, 바로 김도명의 시들이 대체로 천착하고 있는 주제가 '늙음'과 '죽음'의 문제이기 때문이다.

많은 시인들이, 죽살이의 필연적 통과의례인 만큼, '늙음'이나 '죽음'에 대해서 간헐적으로 노래해왔지만, 김도명의 경우 처녀시집의 자리에서 '늙음'과 '죽음'을 반복적으로 거론하는 것은 어찌 보면 기이하게 여겨질 일이다. 그러나 그는 종심(從心)의 나이를 훌쩍 지나서 처음 시작(詩作)을 했고, 따라서 이번 시집이 처녀시집임에도 '황혼'의 시집이라는 점을 염두에 둔다면 지극히 당연한 일이고, 그의 입장에서 보면 더없이 솔직한 실존의 고백인 셈이 되겠다.

인간은 유한하고 시간은 되돌릴 수 없기에, 노년의 가슴에 먼저 찾아오는 것은 짙은 회한이다. 김도명의 경우에도 회한은 어김없이 스며들어 불면의 밤을 지새우는 날이 잦다.

  개울물엣 징검돌 밟듯
  고작, 지그재그로 한 세상 길 얼추 디뎌놓고서는
  생뚱맞게 제 발 저린 밤의 삼경을
  뼈마디 덜거덕, 낡은 몸, 뒤척이네

  어긋 디디고 난 그 뒤안길에 고여 질퍽이는
  소라껍데기처럼 텅 빈,
  공허의 늪에 발목 적시는 회한의 눈망울로
  어둠의 동공瞳孔을 게걸스레 헤집어 핥으며
  온밤을 허걱대는
  이 청승맞은 꼬락서니하고는
  빈 밥그릇 핥는 개 사뭇 닮았다

  개 코에 달 냄새가 난다

                            - 〈개 코에 달 냄새가 난다〉 전문

이미 뼈마디 덜거덕 낡아버린 몸은 '개울물에 징검돌 밟듯'

'지그재그로 어긋' 살아온 것만 같은 회한으로 '밤의 삼경'을 뒤척이고 급기야는 시적 자아를 '빈 밥그릇 핥는' 비루먹은 개와 닮았다는 인식에 이르게 한다. 그 회한은 "썰물에/ 어영부영하다 보니// 아니/ 벌써 들물이어라// 바릇잡이/ 한 세상!/ 빈/ 구덕 둘러메고// 잰 걸음으로/ 들물살 밟는······"(〈바릇잡이〉)에서 보듯이 한 생의 경영에서 이루어놓은 것이 아무것도 없다는 공허감에서 비롯된 것이다. 설만들 이룬 것이 전혀 없을 수는 없겠지만, 노년의 심경은 그런 것이다. 이러한 공허감은 결국 자신을 '똥'으로까지 비하하기에 이른다.

저렇듯 뭇 목숨의 몸 보시로
비육돼지마냥 여태 몸 불리며 살아온 난,
어느 허기진 입에 소신공양 할
한 끼니 찬밥이거나
두엄 속 곰삭은 홍어 살점 만도 못 되는
햐, 똥이다, 똥!
그냥 흙의 입 속이거나 불의 입 속으로
사그라지고 말,

- 〈똥〉에서

한 생을 나름 부지런히 살아왔지만, '이 한 생의 경전(耕田)'은 '흉작'(〈생의 경전(耕田)〉)이고 세월은 덧없이 흘러 어느덧 자신은 뒷방 늙은이'(〈뒷방거사〉) 취급이나 받으며, '뭍 나들이' 간 가족들에게서 문안전화 걸려 와도 정작 자신의 안부보다는 기르는 강아지 안부가 더 중요해져 버린 현실에서(〈문안〉), 시적 자아는 '쥐마저 죽은 불면의 밤'에 '베틀의 바디 소리'처럼 들리는 벽시계 소리가 마치 자신의 '수의(壽衣)'를 짜는 소리로 들려 '우는 강기슭에 생을 매고 누운 내가 아프다'고 장탄식한다.(이상 〈우는 강기슭에 생을 매고 누운 내가 아프다〉) 그 탄식은 일견 청승맞게 보일지 모르지만 거의 창자를 끊는 듯이 절절한 아픔을 느끼게 한다.

그 아픔은 자포자기로 이어져 '그저 그냥/ 낡아, 빠지고 무너져 부실한/ 윗니 아랫니로도 밥이 되고 술이 되는/ 막걸리의 그 텁텁한 맛에/ 옹알옹알 감읍하는 나날로/ 가뭇없이 죽어가는 일밖에 없는……/' 폐허로 인식하게 하며(이상 〈뒷방거사〉), 생에 대한 회한은 지나온 생을 바꿔 다시 한번 살고 싶다는 바람을 낳는다. 〈딱! 두 번만 죽어보고 싶은〉에서는 산행 길 계곡물에 비친 자신의 모습을 보고 '머리 허연 짐승'이거나 '산 도둑놈'으로 느껴져 계곡물로 밀쳐 넣은 담금질로 전생을 우려낸 다음 '예서, 새로 새 판으로 다시 한번 살아보고 싶'다고 부르짖는다.

그러나 열망은 열망일 뿐, 어느 누구도 육체적 생을 두 번 살 수는 없다. 김도명 또한 그 사실을 어찌 모르랴. 허탈한 생이 억울해서 부리는 인간 투정에 불과할 뿐이다.
여기에서 그는 지나온 생을 찬찬히 반추하기 시작한다. 추억과 회상은 노년에 이르는 사람의 특성이기도 하다. 그러나 그의 경우, 간헐적으로 드러나긴 하지만, 그 회상과 반추는 보다 적극적으로 보인다. 그것은 지나온 삶이 과연 어떠했는지 살펴봄으로써 자신의 생에 대한 가치를 되짚어보는 노력의 일환이며, 단순한 회억의 차원을 벗어나 이승의 삶에 대한 성찰로 나아가기 때문이다.

찬찬히 생각해보니, 지구는 '가없는 우주 속의/ 점도 못 되는' 것이고 사람들은 '영원의 발톱에 괴는 하루살이'에 불과한데도 영원을 살 것처럼 '깐족대'고(이상 〈하루살이〉) '한철의 메뚜기'(〈검은 손〉) 신세임을 모르고 권세를 탐하며, 정작 '개, 돼지, 늑대, 도둑고양이, 꽃뱀, 능구렁이, 카멜레온'(〈사람의 거리〉)과도 같은데도 스스로 '사람'이라 억지 쓰는 것으로 보인다. 결국 사람들은 '풀잎, 풀잎 같은 생은/ 허공 속의 구름 몸 같아서/ 그 몸!/ 바스러지고 나면 허공의 뒤란인 것을' '쇠심줄 같은 저 집착의 끈'(〈묘지〉)에 매여 아등바등 살아내려고 안간힘 쓰는 것이다. 따지고 보면 사람의 한살이가 업적의 크기에 상관없이 어쩌면 '바람이 사는 일처럼'(〈갈대밭 풍경〉) 부질없게 여겨지는 것이다. 그리하여 시적 화자는 차라리 '저 멀리 고봉밥 같은 오름 하나'를 무덤으로 '이제 그만 푹!/ 뒤집어쓰고 눕고 싶어진다.(〈빈손〉) 그러나 '눈감으면 저절로 하늘 밖 세상'이지만 깨달음이라기엔 너무 쓸쓸하고 덧없어 '어쩌면, 갯벌에 미끄러져도/ 하늘 아래 세상이 낫지 싶은'(〈수평선〉) 미련을 어쩔 수 없다. 그것은 아마도 지나온 삶의 어느 모퉁이에서는 간간이 아름다운 기억도 존재하기 때문일 것이다.

대부분 그렇듯이 그 아름다움은 유년시절에 숨어 있다. 유년의 삶은 설령 신산스러움과 간난(艱難)이 있다 하더라도, 부모의 그늘에서 어느 정도는 자족적인 삶을 영위하기에 그렇다. 아닌 게 아니라 김도명의 유년도 일제강점기와 제주4·3사건 그리고 한국전쟁을 비롯한 민족사적 비극 속에서 결코 평탄치 못한 힘든 삶을 살아온 것으로 추정됨에도 불구하고 나이브하면서도 아름답게 다가온다. 그것은 '마치, 울담너머로 제사퇴물이거나/ 애호박 하나라도 건네고 건네오며/ 성님 아우인 이웃들끼리 오순도순 서로 보듬어 살던/ 나 어릴 적 풋풋했던 삶의 풍경'(〈지상의 비극〉)처럼 조화로운 어우러짐이 있기 때문이다. 익살맞지만 재미있는 다음의 시는 어떤가?

지금도 그때를 생각하면
얼굴이 화끈 달아오르곤 하는 것인데
노팬티에 삼베바지 입은 허리를
무명 헝겊으로 뽈끈 동여맨
초등학교 3학년 체육시간,
철봉에 매달린 나는
턱걸이를 한 번이라도 더 하려고 용을 쓰는데
그 힘에 부친 헝겊 허리띠가
그만 풀려버리는 바람에
홀라당 벗겨진 아랫도리로 허공에 매달려
어쩔 줄 몰라 하는 나의 갓 솟아나는
죽순 같은 거시기를
철봉대 앞에 쪼르르들 앉은 동그란 눈으로
기어이 보아버리고는

조막손으로 입을 가려가며 까르르 웃어대던,
지금은 손자 놈들의 고추를 바라보며
배시시 웃고 있을
단발머리, 춘자 하옥이 옥순이 행복이 금순이
승옥이 영수네 들아!
그때, 그날, 그네들의 동그란 눈높이 허공에다
나,
벗은 아랫도리로 다시 매달리고 싶다
- 〈유년의 허공에 매달리고 싶다〉 전문

배시시 미소 지을 수밖에 없는 풍경이지 않은가! '갓 솟아나는 죽순 같은 거시기'를 그만 여학생들도 있는 앞에서 노출시켜버린, 화자로서는 몹시 부끄러운 일이 오히려 천진난만한 그리움의 대상으로 떠오르고 있다. 그래서 화자는 '그때, 그날, 그네들의 동그란 눈높이 허공에다/ 나, 벗은 아랫도리로 다시 매달리고 싶다'고 강렬하게 희구하는 것이다.

하지만, 간절히 염원하더라도 물론 그렇게 그리운 유년을 다시 되돌릴 수는 없다. '먹던 군고구마 내던지고/ 바둑이랑 엊그저께 낳은 송아지랑/ 마당 가득 뛰어 놀던/ 그때 그 아인 오간 데 없고'(〈눈은 내리고〉) 실제로 있는 건 '저무는 서녘 강 하구에 쭈그리고 앉아/ 놀빛 설운 피안의 강둑을/ 멍하니 바라만 보고 있는' '웬 초췌한 늙은이' 뿐이다.(〈황혼의 고독〉) 그럼에도 불구하고 유년에 대한 회억은 인식의 새로운 전환을 낳는다는 점에서 매우 중요한 가치가 있다. 유년으로의 회귀욕망은 궁극적으로 모든 유년의 본원적 고향인 '어머니'에 대한 그리움으로 모아지게 되는데, 김도명 또한 '어머니 품속, 새근새근 잠이 든/ 요람'(〈리모델링〉)을 꿈꾼다. 따지고 보면 모든 인간에게 있어서 요람 시절보다 행복한 때가 어디 있으랴. 기실 '요람'에의 꿈은 나아가서 모태의 자궁 속을 꿈꾸는 것과 동일하다고 할 수 있다. 그러니까 유년회귀의 욕망은 무의식적으로는 모태회귀의 욕망인 것이다. 바로 여기에서 죽음에 대한 인식의 전환이 성립하는 것이다. 신화적 상징체계로 보자면 죽음이란 결국 모태회귀로의 순환이며 그것은 근원으로의 되돌아감이기 때문이다.

연어들은 태어나 모천을 떠나 먼 곳으로 떠났다가 죽을 때가 가까워지면 다시 모천으로 회귀한다. 사람의 죽살이 또한 '집'이라는 상징적 환유체계를 바탕으로 살펴보면, 집에서 나와 밖을 돌아다니는 행위를 하다 다시 집으로 돌아가는 순환이기도 하다. 밖에서 온종일 일을 하다가 집으로 돌아간다는 것은 평안한 안식을 구가하는 것이며 그것이 담지되어 있다는 믿음이 있음으로 해서이다. 이 환유체계로 본다면, 죽음 또한 슬프거나 두려운 일이 아니라 어쩌면 지극한 평안과 휴식의 자리가 아니겠는가.

이러한 성찰은 이미 천상병이 〈귀천(歸天)〉이라는 시에서 빼어난 시적 실천을 보여준 바 있지만, 김도명 또한 나서 살다 죽는 일련의 여정을 '집으로 가는 길'로 현명하게 간추리고 있다.

삼신할미 손찌검에 화들짝 놀라
울며불며 집을 뛰쳐 나선 초행길 너무 낯설어

그만 길을 잃고 말았네

나, 집으로 돌아가는 길을!

사방 돌아 그 어디에 집이 있는 줄도,
집엘 돌아갈 그날!
차마, 그날이 언제인 줄도 모르는,
나침판도 일정표도 없는 안개 속 여로에서
별스런 별$^{星}$ 본 일도 없이
얼싸 둥둥 허송세월 밑씻개로 구겨진 몸,

[……]
오늘도 뒤뚱여 밟는 어스름 길 하늘 푸두둑
둥지 찾아드는 새여!

─〈집으로 가는 길〉에서

    죽음이 결국 원래의 '집'으로 돌아가는 것이라는 깨달음은 김도명으로 하여금 죽음을 더 이상 두려움의 대상이 아니라, 스스로를 리모델링하여 어머니의 요람으로 돌아가서 '까꿍! 하면 나, 방긋 웃는'(〈리모델링〉) 즐거운 경험으로 치환하게 한다. 놀라워라! 이제 죽음은 '비바람 눈보라여도/ 젖지도/ 춥지도/ 아프지도 않는,/ 마치 파란만장의 한 생을 돌아온 고향 집/ 그 아늑한 아랫목에 지친 몸 뉘여 쉬는/ 말년의 귀향처럼 되돌아든 저/ 원점$原點$!/[……] 신의 은총'(〈허튼소리〉)으로 바뀐다. 그리하여

수의(壽衣)를 짜는 소리로 들려 아프게 했던 불면의 벽시계 소리조차 이제는 '피안의 강나루' 건너간 어머니의 아늑한 베틀소리로 들리고 '그곳엘, 도로 가고 싶'다는 적극적 열망으로 변하게 한다.(이상 〈불면〉) 그것은 그가 죽음을 덧없는 소멸이 아니라 '영원회귀'의 자리로 생각하게 되었기에 가능한 것이다.

> 마치, 회심의 강타구로 그렇게나 멀리 냅다 쳐
> 날려버린 홈런처럼
> 길고도 짧은 한 생의 말루를 밟은
> 내가!
> 공空의 컵 속으로 아싸하니 빨려드는
> 어느 훗날의 몽환夢幻처럼······
> 　　　　　　　　　　　　　　- 〈목욕탕에서 몸을 잃다〉에서

김도명은 이제 죽음에 대해 확고한 신념을 갖게 된 것 같다. 그의 귀착점을 보여주는 다음의 시는 우리로 하여금 훈훈하면서도 미쁜 감정을 일으키게 한다.

　살아, 추한 이승의 굴레를 벗는 날 나, 막무가내로 허공의 계단을 밟아 하늘 정수리에 오르리라
　올라, 놀빛 솜털구름에다 바람 약간, 반죽으로 폭신폭신한 구름집 한 채 지어 살리라
　살며, 낮에는 무, 배추, 고추며 가지랑 오이랑 심은 하늘 텃밭에서 김을 매고, 밤이면 달빛 드는 난간에 앉아 살다 남은 자투리 세월자락으로 빚은

세월주歲月酒나 마시면서 초롱초롱한 별들의 이마, 이마에다 시나 쓰며 살리라

- 〈구름으로 집 한 채 지어 살리라〉에서

　어떤가? 피안 너머 저세상의 삶이 이세상의 삶과 진배없지 않은가. 시적 화자는 위 시 마지막에서 '술방을 가가대소로 들고 나는······/ 뭐, 그렇고 그렇게, 그냥저냥/ 영겁을 살리라' 고 선언하고 있다. 삶과 죽음이 하나로 통합되는 이 달관의 경지!

　김도명의 시편들은 세태와 문명 비판, 부모님에 대한 추억, 애틋한 가족애, 자잘한 일상사 등 다양한 주제를 담고 있지만, 그가 주로 천착하고 있는 세계는 '늙음'과 '죽음'에 대한 성찰로 귀결된다. 그럼에도 불구하고 김도명의 시들은 대체로 어둡거나 칙칙하지 않다. 오히려 군데군데 위트가 깔려 있을 정도로 밝고 건강하다. 아마도 그것은 우리가 앞서 살펴왔다시피 그의 긍정적 인식에서 오는 느긋함 때문일 것이다. 때로 김도명의 긍정성은 어떤 시편들에서는 시적 긴장을 허물게 하여 시의 완성도를 떨어트리게 하기도 하는데, 그의 긍정적 인식과 태도가 바람직하게 작용했을 때 〈장맛〉이나 〈문상(問喪)〉 같은 가작을 낳기도 한다.

꿩이랑 다람쥐며 들고양이들
더불어 사는
동구 밖 놀이동산 유년의 달빛 아래

날더러는 무궁화 꽃 피우라 해놓고는
저는 집으로 가버리곤 하며
날 골탕먹이던
그때 그 아이
늘그막에 그 버릇 도로 도졌나
병풍 뒤에 숨 멎은 몸, 꼭꼭 숨겨놓고서는
국화꽃으로 둘러싸인 제상머리에
턱하니 나앉은
몸 없는 얼굴로 실실 웃으며
"요놈아 날 찾아봐라" 그런다, 저런!
덜컥, 이승을 버리고서도 그 아닌 척
저리 웃음이 나올까 싶어
그 시선을 피하는 나를 끈질기게 쫓아다니면서
무궁화 꽃이나 실컷 피우라며 날 놀려 대는
저 불알친구야!
피안의 강 건너 동구 밖 놀이동산
유년의 달빛 아래 부디 꼭꼭 숨어있게나
예서 무궁화 꽃 다 피워내고
나, 자넬 찾으러 갈 때까지……

- 〈문상(問喪)〉 전문

 범인들에게 있어 노년은 서글프다. 그러나 노년은 더 이상 허약하고 무기력하거나 쓸모없이 폐기처분될 자리가 아니다. 오히려 노년은 젊음의 격정을 지나 차분하고 여유롭게 삶을 관조하게 하고 세상 살아가는 지혜와 '피안의 강'을 건너는 법을 가르쳐 죽음조차도 담담하게 받아들이게 한다. 모두에 얘기했던바, 키케로는 노년을 부정적으로 생각하는 젊은이들에게 카토가 들려주는 웅변을 통해 노년이 얼마나 풍요롭고 원숙하며 지혜로운가를 설파한다. 카토에 의하면 노년기는 유년기의 연약함, 청년기의 격렬함, 중년기의 장중함을 거쳐 오랜 항해 뒤 항구에 들어선 배처럼 인생의 원숙함이 자연스럽게 풍기는 시기이다. 이제 노년은 더 이상 추레할 필요가 없이 생의 위엄 있는 훈장으로 빛나야 하리라.